O FORMIGUEIRO

O
FORMIGUEIRO

FERREIRA GULLAR

2ª edição

autêntica

Sobre o Poema

Escrito em 1955, este poema permaneceu inédito até hoje, isto é, durante trinta e seis anos. Quem estuda os começos do movimento concretista, verá que algumas de suas páginas – não me lembro se cinco ou sete – foram apresentadas na Exposição Nacional de Arte Concreta, realizada em S. Paulo em dezembro de 1956 e no Rio em janeiro de 1957. Naquela ocasião, as grandes páginas, de um metro e meio de altura por cinquenta centímetros de largura com apenas uma palavra escrita de modo inusitado, chamaram a atenção dos visitantes da mostra. Mas, na opinião do grupo paulista, *O Formigueiro* não era um poema concreto. E dentro da concepção deles, efetivamente não o era: nem reduzia as palavras a mero elemento da mecânica fonético-visual, nem pretendia o tipo de comunicação imediata, instantânea, dos cartazes de propaganda, como prescrevia então a teoria dos paulistas. Era um poema longo, que se articulava e desenvolvia com o próprio passar das páginas. Propunha uma maneira nova de estruturar o poema, integrado no livro, formando com ele uma unidade indissolúvel. *O Formigueiro* era, sem que o soubesse, a promessa do *livro-poema*, que eu realizaria em 1959, e onde essa integração se tornou ainda maior, já que a própria forma das páginas passou a ser determinada pela interação palavra-silêncio.

A apresentação do poema na Exposição Nacional de Arte Concreta se fez através de um texto que dizia o seguinte:

"*O Formigueiro* é um poema de cinquenta páginas nascido de uma palavra – *a formiga* – que se desintegra em seus elementos (letras) e se reintegra em nova forma, ditada pelo aproveitamento das letras na formação simultânea de outras palavras. Nas treze primeiras páginas, o poema obedece a esse processo informativo, até chegar-se à estruturação de um núcleo (14.ª pág.), formado pelas seguintes frases: *a formiga trabalha na treva a terra cega traça o mapa do ouro forno* maldita urbe*. A partir de então o poema se desenrola com a extração de palavras que se acham nesse núcleo e que vão sendo explicitadas por um processo que lembra o dos anúncios luminosos, onde várias palavras que ocupam o mesmo lugar no espaço são mostradas uma de cada vez, acendendo e apagando. No poema, sucede um pouco diferente: se quero, por exemplo, mostrar a palavra 'bicho', ponho-a em uma página sozinha, como se tivesse apagado com uma borracha todas as demais letras do núcleo, deixando as da palavra 'bicho' no mesmo lugar em que elas se encontram no núcleo. Como neste caso (e em outros) há mais de um 'i' e mais de um 'o', posso escolher, entre as várias formas da palavra aquela que mais

---

* Posteriormente a palavra "forno" foi eliminada.

me agrada. Noutras vezes a forma escolhida é determinada pela relação visual de certos elementos seus com os da palavra que a sucede ou precede. Quando a palavra aparece mais de uma vez no poema, aproveito as outras formas possíveis. Nenhuma letra é acrescentada ao núcleo criado nem mudada de lugar. A inicial maiúscula é adotada para orientar a leitura, uma vez que a ordem gráfica usual é violentada. Com este poema se teria tentado uma transfiguração do objeto verbal independente da situação da palavra na frase, isto é, uma transformação interna da palavra. Em lugar da transfiguração da linguagem poética usual, que age com o som sobre o sentido, uso os elementos visuais da palavra. Tudo aqui se passa no silêncio."

Por que o poema ficou inédito durante todos esses anos? Em parte pela dificuldade de realizá-lo tipograficamente na época em que foi concebido; em parte, depois, por desinteresse meu, que dei outro rumo à minha poesia. Nos últimos anos, instado por pessoas que sabiam da existência do poema ou que o conheceram, pensei em editá-lo, quando mais não fosse, para que não se perdesse, já que pertence à história daquela fase de nossa poesia e não é inteiramente destituído de interesse e expressão poética. Confesso que ele exerce certo fascínio sobre mim, tanto que, faz três ou quatro anos, decidi compô-lo eu mesmo em letraset, recurso gráfico que infelizmente não existia em 1955. É essa composição feita por mim, agora impressa em livro, que se entrega ao público. Em que pese a pretensão vanguardista daqueles anos e os maus resultados que esse tipo de poesia obteve, precisamente por sua frieza e cerebralismo, *O Formigueiro*, com sua forma engenhosa, busca na verdade resgatar a simplicidade do discurso poético.

Pode o leitor perguntar, porém, a razão dessa forma, e desse núcleo donde o discurso poético passa a fluir. É que, partindo da identificação entre letras e formigas, busquei um modo de reduzir ao máximo a abstração do discurso na elaboração do poema. A luta com a sintaxe tinha sido o problema central de *A Luta Corporal*, e *O Formigueiro* era apenas uma nova maneira de enfrentá-lo. Como essa luta com a sintaxe discursiva visa de fato valorizar a palavra (com toda sua carga semântica) detendo o fluxo do discurso, a estratégia adotada então foi valorizá-la pela modificação da forma visual. Desagregar a palavra *formiga*, romper a forma linear da escrita, era de um lado acentuar a relação fisiognômica entre as letras e a coisa nomeada, e, de outro, pôr à mostra o silêncio interior à palavra, a matéria semântica que parece materializar-se no branco da página. Mas como dar à palavra uma nova forma que não fosse arbitrária, gratuita? Era preciso haver um fator que a determinasse independente do arbítrio do poeta. Para solucionar esses problemas – que não se punham diante de mim com essa clareza nem nessa ordem – surgiu a necessidade do núcleo (ou mapa), que ao mesmo tempo determina e limita as possibilidades de formar as palavras fora da escrita linear. Essas possibilidades passam a existir de antemão desde que o núcleo se constitui. E ele tampouco se constitui de maneira fortuita; a frase (ou frases), cuja estruturação o configura, brota da fonte que originou o poema: uma superstição maranhense segundo a qual "onde tem formiga tem dinheiro enterrado". Por isso a formiga traça na terra, cega, *o mapa do ouro* – o núcleo que me conduziu à "descoberta" do poema. Contrapondo-se à atitude metafísica de Mallarmé em *Un Coup de Dés*, aqui também se procura, modestamente, limitar a "ação elocutória do poeta" e "dar iniciativa às palavras".

Ferreira Gullar
Julho 1991

*À memória de Mário Pedrosa,
mestre e amigo*

a formiga

a

i

o

a

f

g

m

fair
room

                              a
                    fo   r
                       m   a
                        i   g

```
                                    a
    t  r       a            f o   r            a
                              m              g
                            b     i
                                a  l   h       a
```

```
                                        a

    t   r              a                fo      r                       n
    e                                       m                           a
                                         b              i                 g
                                                                          v
                                               a    l      h              a
```

.

					a				
t r				fo	r			n	
e r					m			a	
		a		b		i		g	
				a	l		h		a

```
                                              a
  t  r                           f o      r                n
   e  r             a               m                       a
                                   b       i                 g
                                    c                         v
                                     a  l  h                   a
```

```
                                        a
   t  r              a             fo       r              n
    e  r                                      m              a
              ç                        b         i              g
                                       c                        v
                                           a   l    h           a
```

```
   t   r              a                           fo                        n
     e r                                            r                        a
                      ç    o                         m                i
                                                   b                          g
                                                   a                          v
                                                        a   l    h           a
                                                   m        p
```

```
                              a
  t r                      fo     r              n    o
   e r                          m                  a
      ç    o                  b       i              g
                            c                         v
                              a  l   h                 a
                            m     p  d               
                                    our o
```

```
                              a
  t  r              a                fo    r              n    o
   e r                                  m                   a
         ç     o                      b       i               g
                                     c                         v
                                         a  l                a
                                       m   p  di             t
                                            o u r o
                                              be
```

```
                                    a
   t  r            a            fo    r            n     o
   e r                              m                 a
                ç  o              b       i             g
                                 c                      v
                                   a   l   h         a
                              m      p  di          t
                                  o  ur o
                                     be
```

```
            a
      Fo    r
            m            a
                          g

                    i
```

e   o   m
                                          C

B   i
c
            h
                o

           M   t
         o r o

t
e
                    n
                     G

                           e

         M   a
            o   r   t

Miloh

F   r   n
      i
   a   h   a

                        a
        A   r
        ç
                            c

                                    ú

F

a   l   h   a

                                                    n
                                                    a
                              l   a
                         P   t

```
            r              a
                           g
        C
          a

                       r
                       e
```

alpha

Fo

l   h   a

F

a l h a
 d

```
        m
         i
C
    a
    p
```

```
            i
    c           V
      a   l       a
```

C ^{i}
a

Big
Mra
i g
B i
  a   a
M   t

    r   o
e   r   M

```
            a
       Fo     r
            m        a
              i
                       g
```

```
        F       r
    b       i
    c
            a
                    U r
                    b e
```

```
                        Fo      r
                             m
         o                      i                    g


                                    i
                                 ur o
                                  e
```

           F   n   o
                         g

                    u

                        a
            f   o

                    A l
                            t
                        be

A

            c
                l

                    o   o

F

g

o o

Poov
o o

V

o   o

v

O

```
                                          Fo      r
                                             m
                                              i
              a                           c
                                              d                                    a
```

o   n
           i
c
   â
   P

                                    a
    t   r   M
     e
                        ó
                                                        l
                                                     p   o
                                                            e

```
            i   T
          r o
         b
```

          i   t
         R o

i
uR

Ur

Sobre o autor

Poeta, crítico de arte, dramaturgo, ensaísta, ficcionista e tradutor, Ferreira Gullar é considerado o maior poeta em atividade do Brasil. Nasceu José de Ribamar Ferreira, em São Luís do Maranhão, em 10 de setembro de 1930. Foi na adolescência que descobriu a poesia clássica e, em seguida, os poetas modernistas.

Em 1948, aos dezoito anos, para não ser confundido com um certo José Ribamar Pereira, cuja escrita tinha qualidade duvidosa, e porque Ribamar era nome bastante comum no Maranhão, passou a assinar Ferreira Gullar, usando o Ferreira do pai com uma versão inventada do Goulart da mãe. Aos dezenove, publicou seu primeiro livro, *Um pouco acima do chão*, considerado por ele imaturo, tanto que o excluiu do volume *Toda poesia*. Mudou-se para o Rio de Janeiro em 1951 e, em 1954, casou-se com Thereza Aragão, com quem teve três filhos: Paulo, Luciana e Marcos.

Gullar considera *A luta corporal*, de 1954, seu livro de estreia. Em 1955, escreveu *O formigueiro*, época em que o poeta buscava romper com as tradicionais convenções poéticas e com a sintaxe. No início dos anos 1960, deixou a vanguarda para se dedicar à poesia politicamente engajada, ingressando no Centro Popular de Cultura (CPC) da União Nacional dos Estudantes (UNE).

São dessa época as obras *João Boa-Morte: Cabra marcado para morrer* e *Quem matou Aparecida*.

Em 1º de abril de 1964, data do golpe militar, filiou-se ao Partido Comunista Brasileiro. Em 1971, ameaçado pela ditadura, decidiu partir para o exílio. Viveu em Moscou, Santiago do Chile, Lima e Buenos Aires. Exilado, colaborou com *O Pasquim*, sob o pseudônimo de Frederico Marques. É desse período o *Poema sujo*, escrito quando morava em Buenos Aires e considerado sua obra-prima. O longo poema, que reúne lembranças da vida no Maranhão e da política brasileira, foi gravado em uma fita cassete e trazido clandestinamente para o país por Vinicius de Moraes. O livro foi lançado em 1976, mas Gullar só voltaria ao Brasil em 1977. Foi preso no dia seguinte de sua chegada ao Rio de Janeiro, sendo interrogado e ameaçado por três dias. Acabou solto graças ao esforço de amigos e por pressão internacional.

Além de ter sido indicado, em 2002, ao Prêmio Nobel de Literatura, Ferreira Gullar recebeu diversos prêmios, entre eles: dois Molière, pela peça *Se correr o bicho pega, se ficar o bicho come*, que escreveu em parceria com Oduvaldo Vianna Filho (1966), e pela tradução de *Cyrano de Bergerac*, de Edmond Rostand (1985);

três Jabutis, por *Muitas vozes* (Poesia, 2000), *Resmungos* (Livro do Ano, 2007) e *Em alguma parte alguma* (Livro do Ano, 2011); o Prêmio Machado de Assis, da Academia Brasileira de Letras, pelo conjunto da obra (2005); e o mais importante das letras lusófonas, o Camões, em 2010. Pela Autêntica, lançou em 2015 o livro *Autobiografia poética e outros textos*.

Desde de 2014, ocupa a cadeira número 37 da Academia Brasileira de Letras, que tem como patrono o poeta e inconfidente mineiro Tomás Antônio Gonzaga.

Copyright © 2015 Ferreira Gullar
Copyright © 2015 Autêntica Editora

Todos os direitos reservados pela Autêntica Editora. Nenhuma parte desta publicação poderá ser reproduzida, seja por meios mecânicos, eletrônicos, seja via cópia xerográfica, sem a autorização prévia da Editora.

EDITORA RESPONSÁVEL
Maria Amélia Mello

EDITORA ASSISTENTE
Cecília Martins

ASSISTENTE EDITORIAL
Rafaela Lamas

REVISÃO
Lívia Martins

CAPA
Ferreira Gullar

SOBRECAPA
Diogo Droschi
(sobre imagem de Ferreira Gullar)

DIAGRAMAÇÃO
Guilherme Fagundes

Dados Internacionais de Catalogação na Publicação (CIP)
(Câmara Brasileira do Livro, SP, Brasil)

Gullar, Ferreira
   O formigueiro / Ferreira Gullar. – 2. ed. – Belo Horizonte : Autêntica Editora, 2015.

   ISBN 978-85-8217-796-9

   1. Poesia brasileira I. Título.

15-09514   CDD-869.1

Índices para catálogo sistemático:
1. Poesia : Literatura brasileira   869.1

Rio de Janeiro
Rua Debret, 23, sala 401 . Centro
20030-080 . Rio de Janeiro . RJ
Tel.: (55 21) 3179-1975

Televendas: 0800 283 13 22
www.grupoautentica.com.br

Belo Horizonte
Rua Carlos Turner, 420 . Silveira
31140-520 . Belo Horizonte . MG
Tel.: (55 31) 3465-4500

São Paulo
Av. Paulista, 2.073, Conjunto Nacional,
Horsa I . 23º andar, Conj. 2301 . Cerqueira César
01311-940 . São Paulo . SP
Tel.: (55 11) 3034-4468

Este livro foi composto com tipografia Garamond e impresso
em papel Off-White 90 g/m² na Formato Artes Gráficas.